I0392142

CURIOSITÉS SYMBOLISTES ET DÉCADENTES

En vente chez le *Bibliopole Vanier*, 19, quai Saint-Michel, Paris.

(Envoi franco contre mandat ou timbres-poste)

SYMBOLISTES et DÉCADENTS biographiés dans les *Hommes d'aujourd'hui* : Paul Verlaine — Mallarmé — Huysmans — Moréas — J. Laforgue — Arthur Rimbaud — Vielé-Griffin — De Régnier — René Ghil — Paul Adam — Maurice Barrès — Ch. Cros — A. Baju — Charles Vignier — Villiers de l'Isle Adam — Ed. de Goncourt — Hennique — Barbey d'Aurevilly — Anatole France — Vanier. — Ces 20 nᵒˢ 2 fr. Chaque numéro contenant un portrait-charge en couleur et une notice biographique : 10 c.

(Envoi franco de la liste des 350 numéros parus.)

Le Symboliste, collection des 4 numéros parus	1 »
Le Décadent, journal, ancienne collection	20 »
— revue littéraire, collection	6 »
La Vogue, collection des trois volumes	15 »
L'École Décadente, brochure d'Anatole Baju	» 60
La vérité sur l'école décadente, par un bourgeois lettré	» 50
Les premières armes du Symbolisme	1 »
Le bien et le mal que l'on a dit des Décadents et des Symbolistes, L. Vanier, plaquette (*sous presse*)	» »

L'ART SYMBOLISTE

GEORGES VANOR

L'Art
Symboliste

Préface de PAUL ADAM

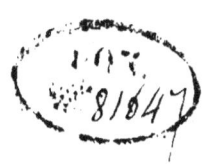

PRIX : UN FRANC

CHEZ LE BIBLIOPOLE VANIER

19, QUAI SAINT-MICHEL, PARIS

1889

PRÉFACE

Tant on abîma, et des plumes les plus célèbres, notre naïve conscience d'écrivains symbolistes, qu'il serait bon au public, pour le seul amour du rare et du curieux, de lire cette brochure écrite en toute sincérité de croyance par un poète lauré de louanges quasi officielles.

En effet, dès l'apparition de son œuvre lyrique, *Les Paradis*, M. Georges Vanor a eu cette miraculeuse fortune de voir la presse entière, la belle presse des hauts quotidiens, lui décerner spontanément ces palmes dont elle se montre à l'ordinaire économe envers les artistes ; au risque de compenser cette parcimonie par une magnificence impériale qui dotera de renom telles histoires d'alcôves contemporaines réunies par quelque valet de lettres, telles révélations d'un caudataire politique sur certains gâteux présidentiels, ou telles hystéries d'un pornographe puéril.

Quels plus glorieusement inconnus que ces prêtres d'esthétique, Barbey d'Aurevilly, Huysmans, Verlaine, Léon Bloy, Villiers de l'Isle-Adam ? Leurs mérites plurent

au subtil Jean Lorrain, mais ne surent convenir aux habi-
tuels louangeurs de Sarah Bernhardt.

Certes, l'art actuel, trop dédaigneux de tréteaux et de
cymbales, sera banni désormais de la vedette. Trop nourri
de sciences et de métaphysiques il ne saura plus aider la
digestion du capitaliste obèse, ou animer la langueur du
bain pour la fille.

Sans ces admirations lucratives, il végétera ironique et
moqué avant que naissent de plus saines et de plus robus-
tes générations d'intelligences.

Cependant Monsieur Pailleron trône.

Les lecteurs ont disparu. Jadis les nobles, grands con-
naisseurs d'art, bibelotiers savants, aimaient les livres.
Aujourd'hui, à voir leur descendance si passionnée pour
l'écurie et l'élève hippique, on évoque tristement le mot
du prince de Conti, qui, devant un robuste palfrenier de
son équipage disait : « Voici comme nous les faisons », et
montrant dans une glace son effigie gibbeuse : « Voilà
comme ils nous font. »

Les banquiers aiment à rire, après les sombres tragé-
dies d'argent et les suicides d'honneur : il leur faut des
pitres grivois. Leurs femmes inassouvies par l'égoïsme du
mari, et le rachitisme de l'amant, aiment les niaises histoires de cœur, cette pornographie : il leur faut des pitres
sentimentaux.

Hors la pitrerie point de succès.

Et pourtant, malgré les obstacles, des hommes peinent
à parfaire des œuvres inaltérables. Et pourtant, des fois,
ces œuvres sont remarquées.

Ainsi, encore qu'il soit hautain forgeur de vers et isolé par son essence même de toutes compromissions, M. Georges Vanor a conquis les suffrages de la chronique parisienne.

Je crois avoir découvert la raison de cet événement merveilleux et, ici, je la dirai pour la seule fin de prêter quelque réconfort aux âmes nourries d'esthétique mais dépourvues du pain de gloire et qui attendent Les Temps à la flamme inaperçue de leur génie.

Ce siècle laborieux, qui nous enfanta, est une époque de synthèse.

A qui regarde avec quelque largeur d'attention les événements intellectuels apparus depuis la grande saignée des guerres impériales, il semble de toute évidence que l'humanité moderne ramasse dans les temps passés les forces par elle émises, les restaure, les revit, en exprime l'essence et amalgame cette essence aux principes déjà acquis par l'excellence de son génie critique. Le Romantisme retrouva le décor, la magnificence et l'honneur fort galvaudé par l'analyse du xviiie siècle qui allait trop au fond des choses sans se douter des Causes idéales et théoriques. Le brigandage de la Révolution et des guerres suivantes avaient amoindri la délicatesse du cœur. La Société du Directoire fut une déplorable société, mal récrépie par les soudards du Bonaparte, plus mal tenue par les faméliques dévorateurs de la Restauration, qui compensèrent largement le long jeûne de l'exil obligatoire. Le Romantisme réagit et créa cette brave bourgeoisie honorable, mais bornée aux mœurs étroites de protestants que promulguèrent les Guizot, les Thiers, les Girardin. On eut le parapluie chevaleresque, l'admiration de l'antique grec et des Vaudois, la croyance à la Liberté, et l'horreur de l'Inquisition.

Des bouleversements politiques secouèrent les bonnets à poils des gardes nationaux , l'Empire survint avec le débraillage d'une grossière Renaissance. Les prophètes du Mal surgirent : Octave Feuillet, Georges Sand, Musset, d'autres qui arborèrent une immoralité inouïe, déifiant l'Adultère et le Péché, fardant l'Ordure de sentimentalisme, parfumant la puanteur de la Chair, et la suée des accouplements. Ni dogme, ni compréhension des Forces et des Causes en cette littérature misérable et vide où s'assimila l'impureté des femmes qu'exploite encore l'ignominie des Ohnet. Elle fut l'excuse de bien des hontes, le motif de bien des indulgences coupables. Elle a fait la corruption de nos vingt ans.

Dégoûtés de ces turpitudes, rendus plus réfléchis par la défaite, les hommes de la troisième République, jansénistes austères, dirent la morale naturaliste, prêchèrent en leurs livres saints la hideur du vice, étalèrent les abjections et les chancres, hurlèrent leurs forts cris de douleur et d'effroi devant la pourriture humaine, et le ridicule des oripeaux à ses plaies.

Le pessimisme résulta : art de faibles, sans vigueur pour s'indigner, sans ardeur pour combattre, propre aux larmes seules, aux larmes infantiles sur l'ondoyance de l'amante ni matée ni abandonnée, où il revient lamentable et vil. Art sénil, dont s'éprirent encore les femelles louangées en leurs cloaques par le désarroi du mâle et la décadence de sa vertu.

Or ces étapes, chevalerie ingénue, justification facile de la chute, révolte de la dignité virile contre la bassesse des passions, retour enfin du mâle vaincu et honteux au joug de la femelle, ces étapes parcourues par la vie du siècle sont celles-là même que connaît la genèse intellectuelle de l'homme. L'adolescent de la quinzième année offre bien cette croyance à la loyauté, à la droiture infrangibles ; bruyamment il la manifeste, furieux au sourire sceptique des vieillards. A la première faute il s'excuse, farde le dégoût, se joue à lui-même l'hypocrisie ; puis la révolte de son être de conscience l'arrache aux hontes, pour un temps. Fatalement les embûches de la vie, la désuétude des plaisirs, le doute d'atteindre les buts ramène aux extases douloureuses des sexes l'ascète d'un moment. C'est l'heure triste de l'existence, l'heure de la résignation à l'opprobre, c'est l'heure où gémit maintenant le Siècle.

Car il a vécu toute la passion d'un homme ; et synthétisé dans ses littératures la jeunesse de la race.

A ce point d'arrêt, à la minute où l'Amant secoue encore une fois la honte au seuil abandonné de la maîtresse dernière, il regarde le Soleil de l'Avenir. S'il n'a épuisé totalement sa vigueur dans la vanité des querelles et des étreintes.

De sa méditation féconde naît instantanément la lumière qui conduira le voyageur par des sentes fleuries d'efforts efficaces. Son sang neuf chante à ses artères, il écoute ses pensées lui bruire. Le voici libre, en plein jeu de ses forces souples, de ses membres vigoureux, tout imprégné de soleil, tout plein de la grâce du Créateur.

Il sait. Il comprend. Ses douleurs passées, ses douleurs futures, il les concentrera ; elles seront l'huile pour la lutte, la dynamique raisonnée de ses gestes futurs, la raison de sa vie. Méprisant les sollicitations des plaisirs inutiles, il ira vers la science des choses, la contemplation des rhythmes et des causes, l'adoration du Dieu. La douleur, essence de la vie et qui faisait sa faiblesse, il en tirera sa force, il la transformera jusque l'extase, jusque l'hallucination mystique. Les féeries des entrelacs sidéraux paraderont à ses regards. Il se combinera par l'ampleur de sa science et la vigueur de sa pensée à l'harmonie des mondes. Il synthétisera les séries des phénomènes dans l'Idée-Une, dans l'Idée-Mère, dans l'Œuf générateur des Mondes, dans l'Idée Divine, dans Dieu. Il sera mystique.

Donc, après avoir résumé si exactement aux cours de ses âges, les étapes d'éducation propres à la genèse sentimentale, le Siècle prépare évidemment la période nouvelle, la période de Force, de Science consciente et de bonheur : l'Epoque à venir sera mystique. Car s'il est des analogies entre les évolutions des choses, nulle de ces analogies ne saurait paraître vaine. La sagesse des Temps a toujours montré, elle montre encore le microcosme humain, symbole harmonique du macrocosme universel. Les éphémères naissent, évoluent et meurent suivant les lois essentielles qui président au développement, aux paraboles, à l'extinction des comètes.

L'Epoque à venir sera mystique. Mystique et théiste.

Elle inaugurera le miracle de l'homme dédaignant la douleur, abstrait dans les rêves imaginatifs, dans l'hallucination habituelle, rendu à l'essence primitive et divine,
devenu aussi créateur, créateur de ses extases et de ses
Paradis.

Me voici revenu au titre de l'ouvrage qui m'occupe. Le
poète y a doctement et en vers heureux noté cette éclatante
manifestation du génie divin mouvant l'emblémature humaine selon la mélodie de ses desseins. Ici je ne referai pas
l'éloge de l'auteur. D'autres y travaillèrent et au mieux.
Ma tâche se limitera seulement à dire que l'évidence de la
merveille démontrée a surpris toutes les attentions si futi-
les qu'elles soient d'elles-mêmes. Cela parce que la Vérité,
quand elle s'irradie, échauffe impérieusement les plus
aveugles de naissance ou de volonté.

L'Époque à venir sera mystique. Et le plus étonnant du
miracle c'est que la science elle-même, cette fameuse
science positive et matérialiste qui renia l'orthodoxie, cette
science elle-même viendra humblement annoncer la
découverte du principe divin apparu au fond de ses creu-
sets, dans les artifices de ses prismes, sous l'ondoiement
de ses cordes acoustiques, dans les spasmes de son éther
électrique. Intuitive déjà, elle se lève, lumineuse et repen-
tante, appelant l'expérimentation pour constater la splendeur de ses théories, mais dégagée du servilisme expéri-
mental où l'obscurantisme la fit choir. La voici reconnais-
sant chaque phénomène comme modification d'un fluide
unique transformé en toutes les apparences selon l'intensité de ses vibrations. Le fluide unique, Dieu, les équilibres

des idoles à double sexe, l'essence génératrice, Isis et Orus, la Vierge et le Christ.

Mysticisme de la Science ! Charité du Socialisme ! Signes d'approche des Temps Évangéliques !

Tel ce que voulut dire le poète dans son livre des *Paradis*. Il prophétisait l'Éclat de la Vérité Prochaine. Et les hommes ont dû croire.

Or, cette littérature symboliste n'a d'autre but que dè marquer les analogies miraculeuses du microcosme humain et du macrocosme universel. *Enclore un dogme sous un symbole humain*, dira M. Vanor, c'est là toute la doctrine de l'école neuve.

Longtemps encore peut-être l'athéisme du marchand de vins, la fumisterie philosophique d'un Renan quelconque triompheront. Sans doute, tristes prophètes de cette nouvelle terre promise, nous périrons sur la montagne avant que se soient dissipées les brumes du paysage extatique.

Qu'importe. Au moins aurons-nous eu cette gloire de l'avoir signalé par nos initiations.

PAUL ADAM.

L'ART SYMBOLISTE

I

Le titre même de cet opuscule implique un pléonasme, puisque, dans un proche avenir, art et symbole seront synonymiques.

Il y a quelque deux ans, des chroniqueurs renseignés découvrirent parmi les différents groupes littéraires qui se partagent les lecteurs parisiens, une secte spéciale, propagatrice d'une esthétique neuve, qui fut baptisée de *décadente*. Les poètes de cette école furent désignés comme des révolutionnaires de l'écriture admise, des anarchistes littéraires qui bannissaient les vocables usuels, les termes courants de la langue française et qui s'exprimaient dans un idiome particulier, bizarre, hérissé de racines grecques et d'étymologies latines, encombré de barbarismes, et illisible aux plus audacieux. Des facétieux proposèrent un abonnement gratuit et des primes tentantes aux lecteurs assez perspicaces pour adresser une traduction en bon français d'un échantillon décadent ; et l'aimable journaliste ajoutait généralement que l'auteur lui-même n'était pas exclu du concours.

Les vacances parlementaires et les loisirs du mois de septembre aidant, les chroniqueurs révérés s'en mêlèrent et laissèrent tomber, de leur plume docte, de graves accusations de fumisme et de mauvaise plaisanterie ; ce fut un déchaînement. Le surnom de décadent provoquait une hilarité folle sur toutes les lèvres ; on l'assimila à celui de volapückiste, d'homme de mauvaises mœurs et de bohème. Tout sonnet qui ne pastichait pas Musset ou Lamartine devait émaner d'un de ces gens-là. Et quant à leur pornographie, elle était avérée.

Qu'on sache mieux la genèse de cette légende. Toute la folie en est attribuable à un garçon limousin qui rêvait à fonder un journal parisien. Il lut un jour un article de M. Champsaur sur des écrivains bizarres encore indécouverts et comprit sa gloire future : il propagerait le *Décadent*. Une série d'insanités puériles se succéda sur du papier d'emballage, submergea les salles de rédaction, mystifia le public et entacha d'une éternelle ridiculité ce joli mot de décadent, jusqu'alors significatif des pompeux déclins littéraires. Anatole Baju, venu des châtaigneraies et promu modeste professeur, dans une école laïque de Saint-Denis, devenait célèbre, mais MM. Paul Verlaine et Stéphane Mallarmé voyaient leurs noms compromis dans ces propagations de sornettes. Un groupe de turlupins se rallia aux cris de *Bajoie et Saint-Denis* et élabora la rédaction de son organe. Ses frères de Montmartre lui répondirent par dessus la ville et le fleuve, et ces Messieurs régnaient sur Paris.

Pendant ce temps, en dehors des folliculaires du Décadent, un autre groupe arborait des tendances artistiques, apparemment analogues mais essentiellement contraires.

Inscrire un dogme dans un symbole, élire dans le vocabulaire les termes rares et précieux, constituer un style supérieur et composite, traduire des sensations par la musique des syllabes, enlacer étroitement le rythme et l'idée et repousser toute description pour chercher toute musique, tels étaient les principaux préceptes de leur catéchisme.

Mais la vieille haine des nuances et l'impérieux besoin de cataloguage si indispensable aux Parisiens, refusa d'admettre la coexistence de deux écoles, l'une décadente, l'autre symboliste, l'une pauvrement facétieuse, l'autre hautement esthétique. L'on confondit les pitres et les artistes, la rédaction du *Décadent* et la rédaction du *Symboliste*, les sornettes de Ghil et les sonnets de Verlaine ; l'on classa sous une étiquette commune les poèmes de Mallarmé et les blagues déposées au long de l'autre feuille et l'on parqua dans le même ghetto littéraire M. Kahn et Baju.

La *Revue Indépendante* et la *Revue Rose* s'efforcèrent à révéler des distinctions. Effectivement la bande du *Décadent* se dispersa : les écrivains symbolistes purent croire à quelque tranquillité. Mais le public avait pour jamais accolé leur nom et l'idée de leur tentative à l'aventure des plaisantins précités.

.*.

Cette confusion perpétuée nous vaut encore aujourd'hui les attaques courtoises des grands chroniqueurs. A propos d'un petit glossaire, d'ailleurs malencontreux, édité pour servir à l'intelligence des auteurs dits mystérieux, la polémique s'est récemment renouvelée. Les journalistes déclarèrent que les vocables inclus dans ce lexique étaient de langage courant et de chacun connus ; comment expliquer cet aveu, puisque ces mêmes termes, au cours des ouvrages, avaient provoqué des clameurs et valu aux écrivains le reproche d'incompréhensibilité ? M. Henri Fouquier accuse les nouveaux écrivains de revenir, dans leur goût du néologisme, à la tentative de Ronsard. Cette comparaison ne peut sérieusement apparaître comme une remontrance, puisque les procédés de Ronsard ne sont pas significatifs de baroquerie et que d'ailleurs les reproches adressés au chef de la Pléiade viseraient encore et plus logiquement Rabelais. Quant à l'impression que doivent donner les mots, selon leur désinence ou leur place dans la phrase, la seule règle consultable est, pour ces cas comme pour les néologismes, le tact même de l'écrivain.

« Ah ! l'audace ! dit M. Fouquier. Que de sottises en son nom ! Et ceux qui l'aiment feront bien d'aller la chercher où elle est, dans les pensées. Racine fut un audacieux avec sa langue de huit cents mots ; Renan en est un, avec son outil de style classique. Pour le reste, c'est vraiment une farce. »

L'audace de Renan ! elle fait vraiment la joie de tous les

exégètes germains ; ils savent que M. Ernest doit sa gloire à une présentation de Jésus comme un homme à femmes, et de David comme un suppôt de correctionnelle ; ils savent que son athéisme enivre les représentants du suffrage universel ; ils ont vu encore hier sa thèse reprise par des jouvenceaux d'un catholicisme avarié, et ils pensent, et moi aussi que M. Henri Fouquier est au-dessus de ces admirations-là.

MM. Anatole France, Ferdinand Brunetière, Georges Montorgueil et Francisque Sarcey, invoquent les mêmes reproches. Cet état-major de la critique littéraire s'étonne de trouver convaincu d'usage le plus grand nombre des termes présentés dans le glossaire de M. Jacques Plowert. Auparavant, dans toutes les attaques dirigées contre les écrivains symbolistes, il ne manquait pas de paraître cette facétie : On demande un dictionnaire pour comprendre la littérature nouvelle. Un publiciste, plus obligeant qu'ingénieux, a cru devoir satisfaire à cette réclamation générale. Dans sa préface, il prend soin d'avertir que la plupart des termes cités sont déjà définis par le dictionnaire Larousse, destiné aux écoles primaires ; car, ajoute-t-il, les symbolistes ne se peuvent voir attribuer qu'un minime nombre de néologismes, et le reproche d'incompréhensibilité par accumulation de néologismes tombera de lui-même après la lecture de cet opuscule.

Or, les princes de la critique ont, par leurs aveux, sanctionné l'assertion de M. Plowert ; et des malveillants y verraient la rétractation d'une erreur qu'ils propagèrent durant trois années. Il est seulement regrettable que l'émi-

nent critique universitaire, M. Francisque Sarcey, ait té-
moigné en cette occasion d'une amnésie partielle au sujet
de quelques termes pourtant vulgaires ; ainsi qualifie-t-il le
mot *ciller* d'invention décadente, bien que le même Larousse des écoles le définisse, page 153 de l'édition cou-
rante : « Fermer et rouvrir rapidement les paupières. » Il y
accole même le substantif *cillement* (formé du verbe) qu'il
définit « action de ciller ». Quant au terme *usure*, M. Sarcey
prétend que sa désinence, au lieu d'indiquer une sensation
d'éclat, sert à traduire les nuances éteintes des choses alté-
rées par le temps. Il semblerait plutôt que lors de la formation de ce vocable, le linguiste, frappé du brillant qu'ac-
quièrent aux cassures les objets et les étoffes fatiguées par
l'usage, ait voulu, par le son de la désinence même, noter
cette fortuite impression. Le même raisonnement nous paraît
applicable à tous les cas objectés. D'ailleurs, les arguments
de M. Sarcey prouvent précellemment que les termes du
glossaire servent surtout à synthétiser la pensée ; car il
ne les combat que par l'éloge des périphrases qu'ils expri-
ment. Quant à M Brunetière, on lui reprocherait peut-
être de compromettre, par des confusions douloureuses,
les écrivains et les bateleurs.

Sans vouloir soupçonner l'intègre et consciencieuse im-
partialité de ces juges dispensateurs de la gloire, qu'il nous
soit permis d'admirer cependant comment un pernicieux
hasard attira leur attention précieuse sur des compilations
ou des extraits évidemment fâcheux et la détourna avec
persistance des œuvres principales. Ainsi l'on mena plus
fort et plus aisé tapage contre le *Thé chez Miranda*, le

Glossaire, voire même les sonnets mystificateurs de M. Ghil, tandis que l'on négligea de discuter les *Cantilènes*, *Etre* et les *Palais Nomades*.

Ce pernicieux hasard a facilité l'argument hostile aux symbolistes de prétendre que pour renouveler selon leurs prétentions les luttes héroïques du romantisme et du naturalisme, aucun d'eux n'avait encore donné son *Hernani* ou son *Assommoir*. Certes leur art plus délicat ne comporte pas les échauffourées populaires qui grossirent jusqu'à l'énorme les qualités de ces deux manifestations ; mais les harmonies des rythmes orchestrées dans l'affabulation de *Etre*, si elles sont moins perceptibles à la sensibilité rudimentaire des électeurs, n'en marquent pas moins, pour les intelligences attentives, l'éclatant début d'une esthétique mémorable.

II

Quant à la technique du poème et à sa grammaire, M. Kahn nous a communiqué des notes exclusivement personnelles, explicatives d'une poétique qui effare un peu, lors de l'apparition de son livre. Ces allégations absolument spéciales au volume seul de M. Kahn, concernent ce seul volume dans l'école ; nous en donnons ici les principaux arguments :

« Il n'y a pas à proprement parler de cas et de modes ;
« les langues anciennes, émancipation progressive des
« premiers bégaiements du langage, tendaient d'abord à

« trouver le plus de signes possibles pour exprimer les
« variations du phénomène.

« Après les antiques écritures idéographiques, c'est-à-
« dire représentatives des phénomènes à l'état isolé de
« leur perception, on conçut qu'il était impossible de
« noter toutes ces représentations à l'état isolé, chose
« d'ailleurs peu logique et contraire à la théorie du moin-
« dre effort appliquée par l'homme, autant qu'il le peut,
« en toutes ses créations. De là, des modifications de radi-
« caux adoptées pour signifier l'essence du phénomène par
« des désinences marquant ses variations. Quelques-unes
« furent fixées ; et leur observation de ces premières lois
« devint de par la fatale répétition des choses humaines,
« hiératique et comme religieuse. Mais nos temps visent
« à réduire les phénomènes à n'être que des apparences
« des directions de la force, et en même temps à analyser
« et différencier les apparences de ces phénomènes ; soit
« à connaître moins de principes, et ramener à ce plus
« petit nombre de principes, une plus grande multiplicité
« de faits. Une modification semblable de la langue s'im-
« pose. Elle devra sur des charnières fixes, grouper une
« plus grande variété et une plus grande somme de voca-
« bles. Or, si les directrices sont des charnières, les voca-
« bles sont des termes. Ces directrices proviennent des
« onomatopées premières, instinctives et doivent demeu-
« rer intactes, nul moyen ne permettant encore d'expli-
« quer leur pourquoi, et, par suite, de les examiner en
« vue de modification. Les termes sont soumis à notre
« examen, ils doivent nous servir à reproduire les varia-

« tions même les plus fines de l'apparence du phéno-
« mène à mesure que nous les percevons. Ces variations
« étant innombrables, et l'agencement de ces variations
« innombrables comme l'agencement des nombres, nous
« avons droit à la création d'autant de signes que nous
« percevrons de variations du phénomène à la condition
« que ces signes nouveaux soient évidemment dérivés du
« radical créé d'instinct, et s'emboîtent dans les direc-
« trices nécessaires (monosyllabes comme *car*, *si*, *mais*
« etc., pronoms, exclamations, etc.)

« De même nous pouvons rigoureusement, en ce qui
« concerne les termes déjà existants, et classés en adjec-
« tifs, verbes, substantifs, les reconnaître en leur forme
« et en leur classement, comme des états immobilisés de
« perception antérieure. Dès lors, il est licite de les met-
« tre d'accord avec notre perception actuelle et d'en mo-
« difier, soit la forme, soit le classement.

« I. Cela nous détermine à penser par premier prin-
« cipe qu'un mot n'a pas de désinence obligatoire.

« II. Qu'il n'y a pas de terme exactement adjectif ou
« substantif. Le mot désigne un fait, il est substantif ; il
« désigne une apparence, il est épithétique ou adjectif.

« III. Qu'il n'y a pas d'infinitif verbal qui ne puisse
« devenir un substantif.

« IV. Qu'il n'y a pas de verbes vraiment neutres et
« complétement neutres, à toutes ses variétés logiques de
« conjugaison.

« De ces principes généraux que nous pouvons ici
« indiquer et d'autres, accédant ou corollant qu'il serait

« trop long d'énoncer, sortira sur les directrices et les
« termes, une recherche plus complète et faisant corps...

*
* *

« Si dans beaucoup d'écrivains dits décadents ou sym-
« bolistes, ces principes ne sont pas employés, c'est qu'ils
« n'en ont que la perception obscure et latente, mais les
« efforts de leurs néologismes s'orientent vers ce but,
« sauf chez qui se borne à enrichir son vocabulaire de
« termes techniques élevés à des sens intellectuels, selon
« la parenté du fait physique désigné par ce terme, avec
« l'état intellectuel à la signification duquel il est promu,
« sauf pour qui se borne à rechercher dans le vocabulaire
« ancien, et ces glossaires du xvi° siècle et antérieurs, des
« mots qu'il remet en circulation, au sens approximatif
« qu'ils peuvent retrouver pour désigner des apparences
« et des faits de notre époque. »

III

Encore que les œuvres symbolistes non moins érudites
qu'intuitives tâchent surtout à raffermir la langue si
lâchée de nos temps cursifs, et à déterminer l'exacte ac-
ception trop élargie et flottante de maints vocables abî-
més par l'usage, on nous saura gré, sans doute, d'avoir
ouvert l'arcane des Essais Littéraires les plus suggestifs
que ces dix années aient voulu produire.

Car il demeure à l'évidence que les meilleures pages écrites auparavant ne peuvent valoir tels poèmes en prose
de M. Stéphane Mallarmé, — *Le Phénomène Futur*, par
exemple, — et que toutes les pensées écloses aux cerveaux de cette prépondérante Ecole parnassienne n'atteignent point, pour la sublimité et la synthèse descriptive,
les meilleures strophes de cet auteur, ni les belles poésies
du glorieux et mystique Paul Verlaine. Ces deux noms
marquent l'apogée intellectuel, où se sublima l'essence
de la Deuxième Génération du Siècle.

La Troisième Génération a valu au monde esthétique
l'unique génie d'Arthur Rimbaud, dont l'œuvre condensée
en quelques rares pages d'une prose miraculeuse enferme
l'ensemble de toutes philosophies, sciences et littératures connues, en constate les concordances et les rythmes,
y amalgame la vie physique et les phénomènes usuels
de l'imagination. C'est la plus extraordinaire cosmogonie
que l'âme humaine ait jamais conçue, supérieure aussi à
l'*Eurêka* de Poë et de Baudelaire. Seuls les poèmes de traditions chaldéo-sémitiques comme le *Sepher-Jésirah* ou
le *Livre de Thot*, et les fragments poétiques des Evangiles Hindous pourraient offrir une équitable comparaison.

Jules Laforgue fut ensuite, qui, créateur d'immortels
types de vierges, sut clore à jamais peut-être ce que l'art
psychologique consent à traduire des avatars de l'égoïsme
humain. Sa philosophie analogique, experte à établir, par
une savante mise en scène des idiotismes nationaux, l'évidence des spéculations métaphysiques propre à notre
peuple, initia aux probables beautés morales du Futur.

Dans ses *Moralités légendaires*, il traite avec une familiarité discrète les héroïnes des mythes antiques, wagnériens et shakespeariens. Il y mit en scène une Salomé imbue de tout le pessimisme dont Schopenhauer désola notre génération, un saint Jean-Baptiste muni de la défroque d'un socialiste du Nord, un Pan très au courant du panthéisme, un Lohengrin, lys fait homme, mais très amateur de calembours ; la plaisanterie et l'anachronisme sont dominés dans ces restitutions fantaisistes par l'angélique poésie dont Laforgue imprégna sa vie.

Il élabora aussi des rondes pour les enfants du vingtième siècle ; telle celle-ci sur un air connu :

> Il était un corsage,
> Et ron et ron, petit patapon,
> Il était un corsage,
> Qui avait tous ses boutons..., etc.

Telles ces ritournelles, variations sur les deux premiers vers de chansons ressassées :

> Samson a cru en Dalila,
> Oh ! dansons, dansons à la ronde !
> La plus belle fille du monde
> Ne peut donner que ce qu'elle a.

Ou celle-ci, sur la monotonie éternelle des projets humains.

> Tu t'en vas et tu nous laisses,
> Tu nous laisses et tu t'en vas ;
> Défaire et refaire ses tresses,
> Broder d'éternels canevas !

Ou la réhabilitation poétique de cette cavatine déshono-
rée à tous les pianos :

> Il était un roi de Thulé
> Qui jusques à la mort fidèle
> N'aima qu'un cygne aux blanches ailes,
> Voilier des lacs immaculé.

Laforgue a passé dans la vie avec une résignation ironique : il était offensé par la force et la vigueur rencontrées ;
la figure de son génie est un sourire aigu et pâle de tris-
tesse qui se « blague » ; on excusera ce mot. Il n'a pas vu
le catholicisme qui eût résolu le problème de la vie rési-
gnée, par ses consolantes promesses ; il prononçait ainsi la
prière : Notre père qui *éties* aux cieux ; il a fait une
ballade sur l'impossibilité de l'infini en hosties.

« Mon dos est voûté sous l'à quoi bon », dit-il quelque
part. Il a fait la cour à sa destinée, sans réussir ; il s'est
soumis au sort, docilement, mais avec d'amers regrets. Il
a rêvé des amours de bal blanc, des occasions d'exercer sa
sentimentalité, des âmes d'élection dont la réponse soit
fraternelle. Et, sachant bien l'impossibilité de ces songes,
il s'en est raillé finement et tristement.

* *
*

« Gustave Kahn, dit M. Adam, excelle à inscrire en
« opulentes rhapsodies les durs combats des âmes surprises
« par l'épopée passionnelle. Ses paysages sont les voix, ses
« horizons les galbes de la Vénus Essentielle. Il clame la
« dure souffrance des extases et des étreintes, l'orgueil des

« triomphes amoureux. Pour sa haute métaphysique, tous
« les rythmes universels convergent à l'union des sexes,
« éternel symbole de la synthèse absolue où se fondent les
« formes humaines du Passif et de l'Actif, ces principes
« purs dont les seules modifications constituent la Vie
« Cosmique.

« Et il est aussi le barde de majestueux désespoirs quand
« se rompent ces harmonies où il concort, dans une extase
« de voyant, l'orchestration des mondes. »

Techniquement, son livre des *Palais Nomades* et les
poèmes suivants énoncent une forme nouvelle, et proba-
blement la forme future du poème. L'essai d'un sens plus
libre tenté empiriquement par Paul Verlaine, Jules Laforgue et Jean Moréas, aboutit à la construction complète d'un
poème développant logiquement ses facettes successives.
Chaque sensation, chaque aspect de la représentation se
synthétise en strophes, les apparences un peu semblables
en des strophes un peu semblables, les sensations adventices en une sorte de récitatif déclamé sur des assonances et des valeurs de consonnes et de voyelles. Au lieu
d'être une valeur de syllabe déterminée uniquement par
une habitude ancienne de l'oreille, ou une dissonance
habile sur l'effet de cette habitude musicale, le vers en lui-
même notifie la résultante du rythme premier de la représentation de la sensation ; et c'est ce rythme qui engendre
la strophe. — Ce livre prouve que l'on peut faire en vers
et simultanément, comme en musique, de la mélodie et de
l'harmonie. L'harmonie pose le ton général créé par la
tonalité des consonnes et des longueurs auditives em-

ployées dont la superposition aux choix des consonnes donne le rythme. Les voyelles inscrivent l'accent et la ligne mélodique de la strophe. Le tout se règle de l'impulsion sensationnelle perçue par l'auteur en contact avec le phénomène ou son apparence.

* *

Paul Adam, exclusif prosateur, offre une fort curieuse analyse de la mentalité contemporaine. Son premier livre bien que nanti en puissance de facultés poétiques qui distinguent ses plus récentes œuvres, fut évidemment construit selon l'esthétique naturaliste. Déjà cependant il esquivait la platitude inhérente aux tentatives littéraires de cette école. Des scènes d'hôpital y atteignaient une haute allure tragique. *Soi,* profonde psychologie, est la plus complète étude de la femme honnête essayée depuis la *Madame Gervaisais*, des Goncourt. *La Glèbe* aborda franchement l'esthétique de la synthèse, unit un personnage de hobereau rustique à son milieu, la Terre, le montra modifié par ce milieu, affolé par la simple obsession de l'étendue du vide des plaines.

Etre édifia l'instauration d'époques disparues, ouvrit, dans de merveilleux décors les mystères de la magie philosophique, montra la maladie mentale d'une femme humaine peinant à élever sa volonté jusqu'au miracle magnétique, persistant jusqu'à la fureur de l'hystérie hallucinatrice, jusqu'à la manie du meurtre et se sacrifiant elle-même au rythme de mort qu'elle a créé.

La lecture des œuvres de Paul Adam induit à connaître

quelles techniques guideront désormais les prosateurs de la nouvelle école. Si impropre que soit ce terme consacré aux écrits de prose, ce Roman semble devoir comprendre trois modes de développement.

Ou bien il subjective dans l'âme d'un personnage unique l'orchestration des mondes, l'attraction des phénomènes vibrant en une harmonie intégrale, dont la résultante est la conscience. Rien n'existe hors les sensations du héros ; et les apparences des rythmes ne sont que possibilités de représentation pour lui, telles que les modifie son tempérament sa vision accidentelle et les contingences adventices qui agissent sur lui la transforment. La lutte des idées en un même cerveau, l'exposé de la sélection naturelle qui préside à l'ordre de leur succession ; les points de décors fondus dans les sentiments, forment les éléments de texture de ce mode. *Soi*, *La Glèbe*, *En Décor*, affirment cette technique.

Ou bien le Roman étudie la formation chez une âme philosophique de pensées effectives propres à modifier un milieu d'âmes secondaires. Il conduit cette étude jusqu'à la pleine vigueur de l'idée engendrée, la suit alors dans les formes humaines ambiantes où le héros philosophique l'a semée ; et dans les successifs avatars des personnalités émues par ce rythme, il expose les séries de son développement, ou les raisons de son atrophie. *Être* implique cette méthode.

Enfin, le Roman pose en héros, non plus une forme humaine définie et corporelle, mais le schema d'une Idée Essentielle qui, filtrant à travers un groupe d'êtres, acquiert en chaque forme où elle pénètre, les raisons d'intensité et de développement qu'elle y trouve ; tantôt perd de sa force opprimée par un rythme plus puissant qui occupe la forme humaine ; et même parfois s'y atrophie, tantôt elle se spécialise dans les âmes spécialement affectées par une prépondérante caste de sensations ; tantôt elle extermine par la vigueur même de sa force acquise la forme trop faible pour la contenir ; et tantôt la mène aux hallucinations du mysticisme, l'hypnotise, l'affole, la rend sienne et conforme strictement à l'exagération de ses vertus d'essence.

Sur ces prétextes à poèmes, qui doivent expressément circonscrire un dogme philosophique et moral, des styles divers s'adaptent, idoines au sujet, au milieu, au rythme exprimés, à l'emblémature des formes humaines choisies. Il sera de menues phrases à termes micacés pour un personnage (comme la Marthe de *Soi*) exclusivement sensationnel et perpétuel explorateur de minimes impressions. Il sera de concises et dures propositions pour l'âme rustique du Cyrille de *La Glèbe* ; avec de grandes phrases à teintes plates, notant la navrance de l'espace et du vide. Il sera hiératique et solennel comme une prière orientale, pour la hautaine stature de la magicienne Mahaud s'évertuant à atteindre la sublimité des conceptions possibles.

En sorte que dans le Roman du troisième mode, chaque personnage ou chaque groupe de personnages ne pénètre dans le récit qu'accompagné d'un thème en particulières assonances, en propositions assorties qui sont, ou du

moins tendent à être, les succédanés des thèmes musi-
caux usités par Wagner.

*
* *

« M. Poictevin, dit M. Adam, offre dans les pages de
ses courts volumes, la transcription de son âme essentiellement contemplative. Dès longtemps, les machinations des
humains, les minuscules volontés qui pataugent dans l'In-
conscient et dans les boueuses difficultés de la lutte quoti-
dienne ne l'ont plus intéressé.

« Il a enfermé l'homme dans la nature. Implacablement il
l'a réduit à son rôle de porte-couleurs, de chatoyant animal
qui s'harmonise aux teintes des paysages et des ciels. Il l'a
restreint à ses pures attitudes enclavées dans les attitudes
des monts, des plaines, des eaux, des villes. Puis, comme
son amplitude humaine demeure inférieure aux majestés
de la nature ; il l'a soumis aux réductions imposées par
l'universelle harmonie. L'homme disparaît en ses œuvres
mis au point de son attitude exacte, primé par la hauteur
des futaies et la splendeur du ciel.

« *Paysages*, le dernier livre de cet écrivain contemplatif,
marque mieux encore que les précédents, cette adoration
des courbes où s'enferme la généralité des existences.

« Seuls les aspects du monde touchent le fakir qui s'émeut
aux lucidités de l'air, aux orchestres des teintes sonnant
sur les grèves et dans l'ombre des bois, aux symphonies
des flots, aux mouvements du ciel, aux scintillements des
édifices.

« De leurs attitudes voilées, allantes, sans personnalité limitée en eux-mêmes, les hommes l'affectent. Et pourtant, de ce geste, de cette parabole du regard, l'auteur induit à une vie telle et telle, dramatique ou simple, prolétaire ou jadis élégante. Et l'humanité grouille doucement à son œil observateur, liée aux bruissements des vagues et aux rhapsodies du vent. »

*
* *

Si Poictevin s'efforce à fondre l'humanité dans la nature, Maurice Barrès s'astreint à mettre la nature dans l'humanité. La lutte des idées l'occupe et l'accapare ; il étudie l'adolescent cheminant de philosophies en philosophies, franchissant les principes et les esthétiques, les amours et les passionnettes. La vie se résume en ses actions. Les êtres et les spectacles se pressent en son intelligence, simples successions des phénomènes cérébraux vêtus des apparences que lui-même leur prête, suivant la disposition momentanée de son âme chercheuse aussi bien qu'imaginative.

Sous l'œil des Barbares, nous explique les heurts d'une pareille intelligence surprise par les contingences du *struggle for life*.

Les paysages poudroient dans les phrases elliptiques, les âmes errent parmi les obscurs crépuscules, les philosophes pratiques reçoivent de vertes corrections des jouvenceaux naïfs et droits. L'Hellade reparaît et ses nymphes, et la divine dialectique platonicienne que supprima la sage magie du christianisme.

Puis, à la suite de ces suaves évocations, le héros sombre dans un parfait égotisme : il s'abstrait hors les êtres, hors la lutte, par delà les *Barbares*, dont l'œil méprisant et indiscret fouille encore douloureusement son intime esprit qui se voudrait plus secrètement adorer et consoler.

A cette cruelle formule d'égoïsme aboutit l'œuvre remarquable de Maurice Barrès.

Plus rien ne lui demeure en dehors de lui. Aucun effort qui tendrait à s'irradier dans les êtres ambiants, à les animer de son souffle et de sa force, et à modifier leur essence. L'homme d'élite se résorbe en lui-même ; il restreint son observation à la lutte intérieure des phénomènes psychologiques qui se succèdent et s'emboîtent. Plus d'espérance de s'élever, de devenir : le but est atteint, décevant, morne, immuable, car le spectacle même des phénomènes intérieurs ne tardera point à choir dans le ridicule de toutes choses et l'égoïste se méprisera lui-même, humble pantin de ses propres réflexions.

*
* *

Félix Fenéon, sagace critique et ironiste, a tenté traduire en des pages de critique d'art les efforts des peintres qui tâchent comme les écrivains d'instaurer un art plus homogène que le dernier art impressionniste. Imbu littérairement de cette opinion qu'une œuvre doit être cyclique et en harmonie complète, il reconnut l'application de ces idées, dans les œuvres de Pissarro, Seurat, Signac, etc. Il nous révéla que sur cette idée générale qu'un tableau doit être inspiré de la nature, et reproduire les réactions intimes du décor dans un ensemble orchestré, ces peintres créèrent une technique discontinue. Par la juxtaposition des tons francs et la vive perception des complémentaires ils obtiennent plus de lumière que leurs prédécesseurs ; et des tableaux complétement inscrits dans le cadre en tant qu'harmonie au lieu d'être comme la copie d'un bout de nature, commencé et limité sans raison — théorique. — Émerveillant critique littéraire aussi, Félix Fenéon apporte une forme d'un verbalisme nourri, une phrase aux vives dentelures d'un rythme personnel.

.

Jean Moréas, prestigieux racoleur de légendes périmées, imbu de littératures diverses et studieux regardeur du moyen-âge, a réagi contre la sécheresse de la technique parnassienne. En des vers sybillins il incarna de hautaines résignations, et resserra ses espoirs en menues rythmiques chansons. Sa langue, d'une forte érudition, par un esotérisme réaliste, son sens affranchi lui permet d'aborder d'anciennes formes fixes, en les compliquant et les rendant plus expressives.

.

Francis Vielé-Griffin, sous des formes antiques d'odes ou de drames, a su saisir et graver la spécieuse impression qui émane des choses et des apparences, l'air ambiant aux formes, et les virtualités mystérieuses, tantôt néfastes, tantôt béates que dégagent leurs emblématures à l'attention

d'un être sensitif, imaginatif aussi. La *Maison Usher* de
Poë donnerait une assez précise comparaison des concepts
où ce beau talent s'évertue mélodieusement.

*
* *

Jean Ajalbert, un des dits décadents, dans l'œuvre duquel
il serait impossible de trouver une baroquerie ou un néologisme, est surtout un impressionniste et un nouvelliste
ému. Il est évident que les lecteurs des meilleurs vers
réalistes trouveraient dans les vers d'Ajalbert les émo-
tions qu'ils recherchent infiniment mieux pensées et soli-
dement traduites. Non que nous voulions enfermer le talent
d'Ajalbert dans ce cadre restreint ; il a créé une vie parti-
culière des banlieues, écrite d'un réalisme observateur et
d'une observation poétique qui est la meilleure.

*
* *

Henri de Régnier a déjà publié quatre plaquettes de
vers qui, dans le courant d'affaires modernes, ont échappé
à l'attention du grand public ; mais nous pensons qu'*E-
pisodes* forceront les regards de tous les amateurs de
poésie.

Ces poèmes évoquent des visions glorieuses où se meu-
vent des personnages imaginaires, avec la signification de
symboles ; hors des temps et hors des datés, le poète fait
surgir devant nous des vergers fleuris de roses inconnues
et de femmes étranges ; il nous conduit à travers des
paysages nouveaux à des yeux humains, et il y fait évo-

luer les créations animées de ses rêves; Les héros de l'antiquité païenne reviennent dans ces décors et y revivent leur légende.

IV

L'ART EST L'ŒUVRE D'INSCRIRE UN DOGME DANS UN
SYMBOLE HUMAIN ET DE LE DÉVELOPPER PAR LE MOYEN DE
PERPÉTUELLES VARIATIONS HARMONIQUES.

A quelle plus haute formule d'esthétique sauraient répondre les littératures mourantes qui vainement agitent cette fin de siècle. Faut-il s'adresser à la foule des petits documentaires, patients collectionneurs de minimes turpitudes de la vie, aperçue point à point par leur myopie bureaucratique ! Satisferont-ils mieux, les derniers poètes du sentiment : les Sully-Prudhomme, et les Legendre qui rétrécissent Shakespeare au module des cervelles de cocotte et ressuscitent des Musset pour couturières.

L'âme gagnera-t-elle à lire les imitateurs de Paul Bourget, à connaître leur pitoyable effarement de servantes d'auberge soudain promues soubrettes d'une parvenue sémite, et qui meurent d'admiration par devant un gros luxe de tapissier à façon.

Hormis les épopées populaires de Zola, affadies maintenant par les annuelles répétitions de procédés immuables, hormis les heureuses synthèses littéraires de Rosny, où l'homme se combine à la nature par une suite de merveil-

leuses causalités ; hormis les études balzaciennes d'Octave
Mirbeau ; quel ouvrage de contemporain saurait prétendre
à une gloire d'artiste? Ah ! si M. Loti ne chaussait outra-
geusement les souliers des morts, s'il ne copiait pas
phrase par phrase des pages totales prises au génial défunt
Gérard de Nerval !

Il faut donc en revenir à la robuste phalange du Symbolisme.

Au moins présente-t-elle cette excentricité, contrairement
à toutes écoles antécédentes, de ne point comprendre une
série d'imitateurs emboîtant avec humilité la phrase d'un
maître. Si peu qu'aient pu le démontrer ces trop hâtives
notes, on a pu voir combien différaient par la nature même
du talent et la multiplicité des buts, les plus remarquables
de ces écrivains.

M. Zola a dit quelque part que le Symbolisme faillirait
parce qu'il ne s'appuyait pas sur une philosophie. M. Zola
s'est trompé. L'illustre auteur naturaliste en reste encore
au positivisme d'Auguste Comte, et aux compilations
documentaires des Spencer, des Stuart Mill. Il ignore le
phénomènisme de Renouvier, aussi bien que le spinozisme
scientifique des plus modernes métaphysiciens. La science
et la philosophie actuelles tendent à ramener tous les phénomènes à une unité d'essence dont les simples modifications créent la vie sensible. Les savants s'accordent à
reconnaître un éther essentiel dont les vibrations se
dénomment suivant leur degré d'intensité, chaleur,
lumière, couleur, gaz, liquide, solide. De même les philosophes reniant l'existence d'un dualisme « matière — esprit »

n'admettent que des sensations, phénomènes engre-
nés dans une sorte de gravitation qui est la conscience.
Rien n'existe hors notre représentation, car nous ne pouvons connaître ce qui ne l'atteint pas.

M. Zola a choisi la philosophie qui convenait à sa littérature, et son exclusivisme légendaire n'a pas daigné
savoir ailleurs.

Or, la littérature symboliste tâche à ramener les phénomènes intellectuels et sensoriels à la source initiale, cette
essence unique perpétuellement féconde en ses modes.

Elle est avant tout la littérature des métaphores et des
analogies ; elle recherche les affinités possibles entre les
phénomènes hétéroclites d'apparence. De là ces fréquentes
expressions dont s'ébahirent les naïfs et qui évoquent le
son d'une odeur, la couleur d'une note, le parfum d'une
pensée.

*
* *

Quelque neuve que paraisse la théorie du symbolisme
littéraire, elle exista de tout temps. Saint Cyrille d'Alexan-
drie enseigne qu'il faut « du monde des corps, comme
d'une image très claire, remonter aux choses spirituelles »,
et le grammairien Dydime affirme que « le devoir du poète
sage est d'user du symbole et de saisir le mystère caché
sous la forme symbolique. » Saint Augustin déclare : « En
toute créature visible, il y a quelque chose de caché ; Dieu
veut que nous le cherchions, et qu'après l'avoir trouvé,
nous nous réjouissions de cette découverte. » Beaucoup
plus tard, Schiller encore écrit que le monde n'est intéres-

sant pour le poète que parce qu'il indique symboliquement les manifestations diverses de l'être pensant. Enfin, l'on sait le mot de Jouffroy : « L'univers n'est qu'un ensemble de symboles. » L'œuvre du poète symboliste serait donc de découvrir l'idée à travers sa représentation figurée ; de saisir les rapports des choses visibles, sensibles et tangibles du monde avec l'essence intelligible dont elles participent ; de remonter des effets à la cause, des images aux prototypes, des phénomènes et des apparences aux sens mystérieux ; — et réciproquement, de présenter une chose par ses qualités extérieures, de revêtir l'idée d'une signification figurative et d'exprimer des vérités par des images et des analogies. Et le génie, devenu la parfaite intelligence des symboles renfermés dans le monde visible, ne consistera plus dans des narrations de légendes et des analyses de passions, mais dans la divination des correspondances des choses avec nos idées et nos rêves.

Cependant l'histoire du symbole à travers les âges et la théorie même du symbolisme apporteraient à ce programme une modification ou une addition énorme : nous voulons parler du symbolisme religieux.

L'origine du symbole, fils de la religion, remonte aux spéculations des prêtres zoroastriens qui symbolisèrent le monde par un œuf plein de génies bienfaisants et malfaisants, et des mystagogues du temple de Thèbes qui pensèrent que dans l'œuf cosmique, Osiris enferma douze pyramides blanches et douze pyramides noires, emblème de la promiscuité du pur et de l'impur, de la lumière et des ténèbres. L'on sait aussi que le serpent symbolisa en Egypte la sagesse, la prudence, l'esprit divin qui pénètre toutes choses. Et, jusqu'à nos jours chaque religion revêtit de symboles les idées primordiales de son culte.

Mais aujourd'hui c'est surtout la religion catholique qui offre une magnifique et poétique profusion de symboles ; tous les prototypes plastiques de cette symbolique sacrée qui exprime par des figurations évidentes et claires les mystères et les enseignements de la loi évangélique, elle les présente aux hommes dans ses temples et pendant ses cérémonies. Les églises, dont la façade est tournée vers l'Orient, dont les clochers se terminent en aiguilles qui montrent le ciel, dont les nefs ont la forme cruciale, dont les murs extérieurs sont décorés de démons bizarres contrastant avec les anges et les saints sculptés dans le sanctuaire ; les cérémonies fastueuses où, sur le chant de l'orgue et sur l'odeur spirituelle de l'encens, s'élève la prière des âmes ; la messe où chaque geste de l'officiant exprime et commande une pensée au cœur des fidèles ; les vêtements mêmes des prêtres, comme la ceinture, double emblème des cordes qui lièrent Jésus et de la préservation des sens ; et la Croix aux deux bras étendus qui appellent tous les malheureux, cette Croix où resplendit la beauté physique de l'Homme-Dieu multipliée par la beauté morale, voilà quelques-uns des symboles augustes qu'a conservés le culte catholique.

Le symbolisme religieux s'impose par ses faits ; et la pure magnificence de ses manifestations assure un trésor infini et varié d'inspirations poétiques. Les chœurs de prêtres et de vierges processionnant par les champs sanctifiés, les premières communiantes que l'on a comparées, passant à travers la luxure des villes, à un vol d'anges intercesseurs, sont, entre mille, des spectacles offerts au sens artistique du poète, plutôt que les drames banals de notre bourgeoisie.

Mais le symbolisme religieux n'existe pas que dans les cérémonies liturgiques et les représentations des religions. C'est selon lui que le monde a été ordonné ; la vie des êtres et des choses est sa manifestation, et c'est pour sa synthèse explicative que l'homme, mais particulièrement le poète a été envoyé. Les apparences tangibles, les formes et les couleurs, les développements de l'existence dans la nature revêtent son idée intime, existante et mystérieuse. Si l'on a pu dire des cieux qu'ils racontent la gloire de Dieu, le soleil symbolisera sa providence et sa splendeur, les nuages la majesté dont il s'environne, l'arbre figurera un homme aux bras levés pour la prière, et la forêt sera la cathédrale. Cette dernière interprétation qui ferait de l'univers un vaste temple, élevé à la glorification de Dieu ne serait cependant pas très précisément celle du symbolisme religieux, celui-ci démontrant que l'univers n'est que le symbole d'un autre monde.

Les visions paradisiaques des mystiques qui consistaient en spectacles de la nature idéalisés suffiraient aux crédules, pour expliquer cette vérité du monde présent apparu comme réalisation extérieure d'un autre univers, mais elle est rigoureusement prouvée par le système du symbolisme simple.

Les philosophes nous ont appris que les formes visibles

étaient les images d'une beauté invisible et correspondaient
par une affectueuse sympathie avec les formes idéales que
l'âme porte en elle-même ; nous savons d'autre part, que
les objets matériels et inanimés se rapportent aux idées
morales par les accidents de leurs apparences extérieures :
et c'est selon cette théorie que l'œuvre du poète fut décla-
rée la pénétration des emblèmes et la réunion des idées à
leurs expressions. Or, de cette affirmation, par un analo-
gue raisonnement, se déduit le symbolisme religieux. Les
choses tangibles étant la figure des choses intelligibles,
celles-ci se révèlent la figure des choses divines ; par
déduction, chaque objet de la création correspondant à
une idée, correspond à un idéal divin, est un signe de la
pensée divine. La relation existant entre le monde physique et le monde moral s'établira entre le monde moral et
le monde surnaturel ; l'esprit de l'homme, c'est-à-dire le
monde intelligible, sera comme un écran de verre trans-
parent entre ces deux miroirs, et, la nature étant l'image
de l'homme, l'homme sera l'image de Dieu, et, nous ajou-
tons : sa preuve.

Par ce système et dans cette science, la création appa-
raît comme le livre de Dieu, devant lequel l'homme placé
ne connaît pas les mots : mais le poète doué de la science
de cette langue, en déchiffrera et en expliquera les hiéro-
glyphes ; ce qui est en dehors de lui le conduisant à la
connaissance de ce qui est en lui, et ce qui est en lui le
conduisant à la connaissance de ce qui est au-dessus de
lui, après avoir pénétré les symboles du monde intelligible
dans le monde de la matière, il devinera les symboles du

monde surnaturel par le monde intelligible, et, un jour, dira aux hommes le mot de Dieu et le secret de la vie.

V

Parallèlement à ces innovations littéraires, l'art du peintre et du musicien évoluent sous les mêmes rythmes modificateurs. Les néo-impressionnistes inaugurent une technique qui délaissant les sombres mélanges des palettes académiques, tend, par l'observation de facultés réactives d'une couleur sur son adjacente, à composer le tableau comme une partition de taches constitutives et analytiques des tons, qu'ils orchestrent ensuite par une harmonie d'ensemble. MM. Pissarro, Seurat, Signac, Luce œuvrent en ce but, et merveilleusement.

Des synthèses heureuses de personnages expressivement sentimentaux rendues par des unifications de tonalité symbolique ont conquis de remarquables artistes, comme MM. Puvis de Chavannes, Whistler, Degaz, Blanche et Lucas.

En musique, le même souci d'analyser profondément la sensation en ses éléments constitutifs pour la synthétiser ensuite par la ligne mélodique et le lacis des thèmes dominateurs guide toute la jeune école wagnérienne et la nouvelle musique française dont M. Vincent d'Indy est le protagoniste admiré. C'est l'expression même de ces tendances unanimes que la littérature symboliste s'est assigné pour but de prophétiser.

**
* *

Qu'on lise les œuvres littéraires ici annoncées, et que l'on juge impartialement si des poèmes comme *Sagesse*, *Amour*, les *Illuminations*, les *Complaintes*, les *Moralités Légendaires*, les *Cantilènes*, *Etre*, les *Palais Nomades*, *Ancaeus*, *Episodes* et *Sous l'œil des Barbares* ne sont pas forts devant l'austérité de l'Art et justement fières de l'apport qu'elles offrent au Trésor de la Pensée Humaine.

FIN

TULLE, IMP. MAZEYRIE.

21 mars 30

www.ingramcontent.com/pod-product-compliance
Lightning Source LLC
Chambersburg PA
CBHW071441220526
45469CB00004B/1623